AF311687

VENTE DU MERCREDI 19 MARS 1890

HOTEL DROUOT, SALLE N° 9, A 2 HEURES

DESSINS

ET

AQUARELLES

DE L'ÉCOLE FRANÇAISE DU XVIIIe SIÈCLE

TABLEAUX ANCIENS

EXPOSITION PUBLIQUE

LE MARDI 18 MARS 1890

De une heure à cinq heures et demie.

COMMISSAIRE-PRISEUR	EXPERT
Mᵉ Paul CHEVALLIER	M. Eug. FÉRAL, peintre,
10, rue de la Grange-Batelière	54, rue du Faub.-Montmartre

IMPRIMERIE D. DUMOULIN ET Cie

Rue des Grands-Augustins, 5, à Paris

DESSINS ET AQUARELLES

CATALOGUE

DE

DESSINS ET AQUARELLES

DE L'ÉCOLE FRANÇAISE DU XVIIIᵉ SIÈCLE

PAR

BOUCHER, COCHIN, DESRAIS, FRAGONARD
GILLOT, GRAVELOT, GREUZE, HUET, LANCRET, LAVREINCE
LEPICIÉ, LEPRINCE, MALLET, L. MOREAU, QUEVERDO
ROBERT-HUBERT, SAINT-AUBIN, ETC.

TABLEAUX ANCIENS

DONT LA VENTE AURA LIEU

HOTEL DROUOT, SALLE Nᵒ 9

Le Mercredi 19 Mars 1890

A deux heures.

COMMISSAIRE-PRISEUR	EXPERT
Mᵉ **Paul CHEVALLIER**	M. Eug. **FÉRAL**, peintre
10, rue de la Grange-Batelière.	rue du Faubourg-Montmartre, 54

Chez lesquels se trouve le présent Catalogue.

EXPOSITION PUBLIQUE : le Mardi 18 Mars 1890
De une heure à cinq heures et demie.

CONDITIONS DE LA VENTE

La vente sera faite au comptant.

Les acquéreurs payeront cinq pour cent en sus des enchères.

DÉSIGNATION

AQUARELLES ET DESSINS

AMAND

1 — *Un Coin de marché.*

Plusieurs marchandes de fruits ; à gauche, une dame vient faire ses provisions.
Dessin à la sanguine.
Signé à gauche Amand.
Cadre en bois sculpté.

Haut., 25 cent.; larg., 20 cent.

BÉLANGÉ

2 — *Projet d'une place publique avec théâtre et colonne triomphale.*

Dessin à l'aquarelle. A été gravé.
Cadre en bois sculpté.

Haut., 25 cent.; larg., 41 cent.

BÉRICOURT

3 — *La Parade.*

Un grand nombre de paysans et paysannes assistent à une parade de saltimbanques; à gauche, une bouquetière offre ses fleurs aux passants.

La Foire.

On aperçoit un grand nombre de boutiques foraines, à droite et à gauche, visitées par des personnages de toutes les conditions.

Dessins à l'aquarelle, faisant pendants.

Cadres en bois sculpté.

Haut., 17 cent.; larg., 32 cent.

BOILLY (Louis)

4 — *Scène d'intérieur.*

Jeune femme, assise à gauche, tenant sur les genoux un chat; un jeune homme lui présente un oiseau.

Dessin à l'encre de Chine.

Haut., 36 cent.; larg., 45 cent.

BOILLY (Louis)

5 — *Les Grimaces.*

Trois têtes grotesques, sur une même feuille.

Crayons noir et blanc. A été lithographié.

Cadre en bois sculpté.

Haut., 22 cent.; larg.. 16 cent.

BOREL (Antoine)

6 — *La Morale inutile.*

Sur un banc, dans un parc, une mère paraît donner des leçons de morale à sa fille. — Un jeune homme, caché derrière elles, lui passe un billet doux; à droite, sur un piédestal, la statue de l'Amour au silence.

Dessin à l'aquarelle, signé à gauche. A été gravé par Voysard.

Haut., 25 cent.; larg., 19 cent.

BOSIO

7 — *L'Escamoteur.*

Devant une nombreuse assistance, un escamoteur, placé à gauche, fait des tours de gobelets.

Dessin à l'aquarelle. A été gravé.

Cadre en bois sculpté.

Haut., 16 cent., larg., 28 cent.

BOUCHER (François)

8 — *La petite Bohémienne.*

Une jeune femme debout, la tête couverte d'un fichu, porte un enfant dans ses bras; un petit garçon tenant une pomme est assis près d'elle.

A la pierre d'Italie.

Gravé par Demarteau.

Collection Schwiter.

Cadre en bois sculpté.

Haut., 28 cent., larg., 16 cent.

BOUCHER (FRANÇOIS)

9 — *Portrait de jeune Femme, un diadème sur la tête.*

En buste, vue de trois quarts.
Dessin à la pierre d'Italie.
Collection Gigoux.

Haut., 13 cent.; larg., 11 cent.

BOUCHER (FRANÇOIS)

10 — *Tête de jeune Fille.*

Penchée à droite et vue de trois quarts.
Dessin à la pierre d'Italie.

Haut., 17 cent.; larg., 15 cent,

BOUCHER (FRANÇOIS)

11 — *Tête de jeune Femme.*

Vue de profil, le regard vers le ciel, les cheveux nattés.
A la pierre d'Italie.
Cadre en bois sculpté, Louis XV.

Haut., 12 cent.; larg., 10 cent.

BOUCHER (François)

12 — *Sujet de sainteté.*

La Vierge assise, les mains jointes, entourée de têtes de chérubins.
Dessin à la pierre d'Italie.
Cadre en bois sculpté.

Haut., 35 cent.; larg., 25 cent.

BOUCHER (François)

13 — *Les Lessiveuses,*

A gauche, deux femmes font la lessive, à gauche et à droite quelques enfants.

Les Laveuses.

Sur le bord d'une rivière, deux femmes lavant du linge ; derrière elles, un jeune homme l'étend ; à droite, un porte-faix accompagné d'un enfant.
Deux dessins à la sépia. Ces deux compositions qui font pendants ont été gravées par Demarteau.

Haut., 24 cent.; larg., 3o cent.

BOUCHER (François)

14 — *Une Villageoise est suivie d'une jeune Femme donnant la main à un enfant, elles tiennent, toutes les deux, dans leurs bras un agneau.*

Dessin à la sanguine.

Haut., 19 cent.; larg., 30 cent.

BOUCHER (François)

15 — *La Pipée.*

Des garçons et des fillettes ont tendu des filets et mettent en cage les oiseaux qu'ils ont pris.
Composition de dix figures.
Dessin à la pierre d'Italie.
Cadre en bois sculpté.

Haut., 20 cent.; larg., 36 cent.

BOUCHER (François)

16 — *Jeune Mendiant.*

Il est assis à terre, le bras gauche levé.
Dessin aux deux crayons.
Cadre en bois sculpté.

Haut., 24 cent.; larg., 29 cent.

BOUCHER (François)

17 — *Vue du Moulin de Charenton,*

Dessin à la sanguine. A été gravé par Huquier.

Haut., 28 cent.; larg., 37 cent.

BOUCHER (François)

18 — *Cinq Têtes sur une feuille.*

Dessin aux crayons noir et blanc.
Cadre en bois doré.

Haut., 28 cent.; larg., 42 cent.

BOUNIEU

19 — *La Marchande de citrons.*

Elle est assise au coin d'une borne, des citrons sur ses genoux.
Dessin à la pierre d'Italie.
Cadre en bois sculpté.

Haut., 18 cent.; larg., 13 cent.

CARESME (Philippe)

20 — *Nymphes et Satyres.*

Dans la campagne, une réunion de Satyres et de Nymphes prennent leurs ébats ; à gauche, trois enfants avec une chèvre.
Au lavis d'encre de Chine.

Haut., 25 cent.; larg., 35 cent.

CARMONTELLE (L. C.)

21 — *Le Duc de Luxembourg.*

Il est debout, de profil, dirigé à gauche, — habit rouge, et tenant un livre à la main.

Haut., 3o cent.; larg., 17 cent.

ÇOCHIN (Nicolas)

22 — *Seigneurs et grandes Dames.*

Deux petits sujets, faisant pendants, de quatre personnages chacun.

Dessins à la sanguine.

Haut., 7 cent.; larg , 14 cent.

COSWAY (Richard)

23 — *Portrait de Femme.*

Elle est vue de face, les bras appuyés sur une balustrade et les mains dans un manchon.

Haut., 17 cent.; larg., 13 cent.

COSWAY (Richard)

24 — *Portrait de jeune Femme.*

En buste, vue de face.
Aux crayons de couleur.
Cadre en bois sculpté.

Haut., 8 cent.; larg., 5 cent.

COSWAY (RICHARD)

25 — *Portrait de jeune Femme.*

En buste, vue de face, coiffée d'une fanchonnette.

Haut., 11 cent.; larg., 8 cent.

COSWAY (RICHARD)

26 — *Portrait d'un Gentilhomme.*

En buste, dirigé à droite.
Dessin aux crayons de couleur.
Cadre en bois sculpté.

Haut., 11 cent.; larg., 9 cent.

COSWAY (RICHARD)

27 — *Portrait d'un Officier.*

En buste, dirigé à droite.
Crayons de couleur.
Cadre en bois sculpté.

Haut, 10 cent.; larg., 7 cent.

COSWAY (RICHARD)

28 — *Portrait d'un Gentilhomme.*

En buste, dirigé à droite.
Dessin aux crayons de couleur.

Ovale. Haut, 13 cent.; larg., 10 cent.

DANLOUX (Pierre)

29 — *Portrait de jeune Femme.*

De profil, à gauche.
Aux crayons noir et blanc.
Signé à droite, et daté 1781.

Ovale. Haut., 24 cent.; larg., 21 cent.

DANLOUX (Pierre)

30 — *Portrait de Femme.*

De profil, à droite.
Dessin aux crayons noir et blanc.
Signé à droite.

Ovale. Haut., 24 cent.; larg., 21 cent.

DANLOUX (Pierre)

31 — *Portrait de Femme.*

Profil à gauche.
Crayons noir et blanc.

Ovale. Haut., 20 cent.; larg., 16 cent.

DESRAIS

32 — *La nouvelle Omphale (opéra comique).*

Six charmants et spirituels dessins, à la plume et lavis
de bistre, — ovales.

Haut., 16 cent.; larg., 14 cent.

DESRAIS

33 — *Le Comte d'Abort (opéra comique).*

Six charmants et spirituels dessins, à la plume et lavis de bistre.

Haut., 15 cent.; larg., 12 cent.

DUVERGER (P.)

34 — *Scènes de brigandage.*

Deux dessins faisant pendants, exécutés en camaïeu.

Haut., 23 cent.; larg., 35 cent.

FRAGONARD (Honoré)

35 — *Scène galante.*

Dans un parc, au milieu d'un site pittoresque, un groupe de jeunes seigneurs et de jeunes femmes se livrent à différents jeux.

Dessin à la sanguine.

Cadre en bois sculpté.

Haut., 33 cent.; larg., 44 cent.

FRAGONARD (Honoré)

36 — *Scène d'amour (sous la feuillée).*

Crayon noir rehaussé de blanc.

Collection Walferdin.

Haut., 21 cent.; larg., 27 cent.

FRAGONARD (Honoré)

37 — *Compositions pour* Don Quichotte.

Sept dessins au lavis de bistre.
Collection Walferdin.

Haut., 41 cent.; larg., 29 cent.

FRAGONARD (Fils)

38 — *Intérieur d'un Comité révolutionnaire, sous le régime de la Terreur (1793-94).*

Gravé, sous le n° 103, dans les « Tableaux de la Révolution française ».
Dessin au lavis.

Haut., 19 cent.; larg., 25 cent.

FREUDEBERG

39 — *Occcupations champêtres.*

Dans une cour de ferme, une femme, à droite, remplit d'eau une cuve tandis qu'une autre femme lave des légumes; à gauche, un campagnard, accompagné d'une enfant et précédé d'un chien, apporte un panier de fruits.
Charmant dessin à l'aquarelle.
Signé en bas, à droite.
Collection du comte de Labéraudière.

Haut., 15 cent.; larg., 20 cent.

GÉRARD (Mlle)

40 — *Le Buste.*

Une jeune femme, dans une toilette élégante, assise dans un fauteuil, désigne de la main gauche un buste de femme placé sur une table.

Dessin estompé aux crayons de couleur.
Cadre en bois sculpté.

Haut., 5o cent.; larg., 38 cent.

GILLOT (Claude)

41 — *La Partie de musique.*

Dans un salon, une jeune femme assise à son clavecin : à sa gauche, un musicien avec sa guitare; dans le fond, plusieurs personnages.

Dessin à la sanguine.
Cadre en bois sculpté.

Haut., 17 cent.: larg., 22 cent.

GRAVELOT (Hubert)

42 — *La Sagesse. La Religion. La Vérité. La Liberté.*

Quatre sujets composés et gravés pour l'*Iconologie par figures* ou Traité complet des allégories ou emblèmes, etc. Fins et spirituels dessins; — le trait à la plume ombré à la sépia.

Collection Maherault.
Cadre en bois doré.

Hauteur de chacun, 10 cent.; larg. 6 cent.

GREUZE (J.-B.)

43 — *Étude du maître pour le tableau gravé par Moitte sous le titre les Œufs cassés.*

HARRIET

44 — *La Salle de danse.*

Composition de dix figures. A été gravée.
Dessin au lavis.
Cadre en bois doré,

Haut.. 19 cent.; larg., 3o cent.

HOIN

45 — *Le Retour du messager.*

Une jeune femme, assise dans la campagne, tient de la main gauche un médaillon et désigne de la main droite des chiffres gravés sur un arbre.

Près d'elle, une colombe et un chien à ses pieds.

HOIN

46 — *Offrande à la fidélité.*

Au pied d'un autel, sur lequel se trouvent, au milieu de fleurs, deux cœurs enflammés, un jeune homme, à genoux, contemple des chiffres gravés sur un arbre.

Au second plan, on aperçoit une statue de l'Amour.

Ces deux charmantes compositions, peintes à la gouache, forment pendants.

Cadres en bois sculpté.

Haut., 19 cent.; larg., 13 cent.

HUET (J. B.)

47 — *Dans la campagne.*

Une vache couchée, à gauche un veau, à droite deux moutons. Dans le second dessin qui lui fait pendant, un âne couché avec des chèvres à gauche et à droite.

Ces deux compositions, des plus importantes du maître, sont dessinées au crayon, à la plume et lavées de bistre. Signées en bas à gauche : J.-B. Huet, an 10.

Haut., 37 cent.; larg., 50 cent.

JOLLAIN

48 — *Le Bain.*

Une jeune femme, sortant du bain, reçoit les soins de sa suivante agenouillée à ses pieds.

La Toilette.

Jeune femme debout, dans un intérieur élégant, se fait habiller par sa soubrette.

Ces deux dessins à l'aquarelle ont été gravés en couleur par Bonnet avec quelques variantes.

Haut., 24 cent.; larg., 19 cent.

KININGER (V.-G.)

49 — *Portrait de Caroline Bonaparte, reine de Naples, et de ses enfants.*

Elle est représentée assise sur un banc de gazon avec ses trois enfants autour d'elle, un chien à ses pieds.

Dessin très fini à l'aquarelle.

Signé en bas : V. G. Kininger del.

Cadre en bois sculpté.

Haut., 52 cent.; larg., 36 cent.

LANCRET (Nicolas)

50 — *Femme debout.*

La main gauche à son corsage ; relevant sa robe de la main droite.

Dessin à la sanguine.

Cadre en bois sculpté.

Haut., 22 cent.; larg., 17 cent.

LANCRET (Nicolas)

51 — *Un Danseur.*

Vu de dos, la main droite sur la hanche, le bras droit levé en l'air.

Dessin à la sanguine.

Cadre en bois sculpté.

Haut., 24 cent.; larg., 15 cent.

LAVREINCE (d'ap. NICOLAS[)

52 — *Le Roman dangereux*.

Jolie copie du temps de la composition, peinte à la gouache par Lavreince, et gravée par Heilmann.
Cadre en bois sculpté.

Haut., 29 cent.; larg., 22 cent.

LE BARBIER (J.-J.-FRANÇOIS)

53 — *Arthémise s'immolant sur le tombeau de son époux*.

Autour d'elle, des amours en pleurs paraissent déplorer son malheureux sort.
Aquarelle.

Haut., 20 cent.; larg., 16 cent.

LE BARBIER

54 — *Le Retour à la ferme*.

Dessin à la pierre d'Italie.

Haut., 20 cent.; larg., 40 cent.

LEGRAND

55 — *Le Garde champêtre*.

Un garde champêtre surprend deux amoureux dans un taillis et paraît les menacer.
Aquarelle et gouache. A été gravé.

Haut., 22 cent.; larg., 29 cent.

LEGRAND

56 — *La Surprise.*

Dans un cellier, un abbé surprend un jeune couple qui se prépare à déguster ses vins.

Aquarelle gouachée.

Ces deux compositions font pendants.

Haut., 22 cent.; larg., 29 cent.

LÉPICIÉ (N.-B.)

57 — *La Demande en mariage.*

Au premier plan, un jeune homme, assis à gauche, demande la main d'une jeune fille debout à droite près de sa mère. Dans le fond, le père assis avec deux enfants ; sur le devant, un autre enfant caresse un chien.

A été gravé. Signé à gauche.

Haut., 23 cent.; larg., 28 cent.

LEPRINCE (Xavier)

58 — *Une Nichée d'amours.*

Un jeune homme et une jeune fille découvrent, au milieu des fleurs, deux amours endormis.

Au lavis d'encre de Chine.

Signé à gauche, en bas : Leprince.

Cadre en bois sculpté.

Haut., 38 cent.; larg., 32 cent.

MALLET (J.-B.)

59 — *Le Roman défendu.*

Une jeune fille, à son lever, écoute la réprimande de sa mère.

Gouache.

Cadre en bois sculpté.

Haut., 22 cent.; larg., 32 cent.

MALLET

60 — *Scène d'intérieur.*

Une jeune femme, assise à droite, tient sur ses genoux un petit chien ; à gauche, un jeune homme et une jeune femme debout se regardent dans une glace.

Gouache.

Cadre en bois sculpté.

Haut., 23 cent.; larg., 17 cent.

MALLET (J.-B.)

61 — *La Toilette.*

Jeune femme debout dans un salon, devant une table ; de la main droite, elle met une rose à son corsage ; derrière elle, une soubrette tient son manteau.

La Réprimande.

Dans un salon, une jeune femme debout écoute les conseils que lui donne une autre femme assise à droite, le bras appuyé sur une table, recouverte d'un riche tapis.

Ces deux charmantes compositions, exécutées à la gouache et formant pendants, sont dans deux cadres de bois sculpté.

Haut., 27 cent.; larg., 20 cent.

MARÉCHAL

62 — *Vue de la place Louis XV.*

Dessin à la sépia, plume et lavis.

Haut., 11 cent.; larg.. 20 cent.

MEUNIER

63 — *Vue du jardin La Fontaine, à Nîmes.*

Composition animée d'un grand nombre de figures très finies.

Aquarelle signée et datée.

Cadre en bois sculpté.

Haut., 22 cent.; larg., 40 cent.

MOREAU (Louis)

64 — *Paysage.*

Au centre, une ferme avec dépendances. A droite, un château-fort en ruines.

Gouache.

Cadre en bois sculpté.

Haut., 31 cent.; larg., 45 cent.

MOREAU (Louis)

65 — *Deux Paysages faisant pendants.* —

A la gouache.
Ces deux compositions sont signées L. M. 1781.
Cadres en bois sculpté.

Haut., 23 cent.; larg., 37 cent.

MOREAU (Louis)

66 — *Deux Paysages avec monuments en ruines.*

Deux gouaches faisant pendants.
Cadres en bois sculpté.

Haut., 12 cent., larg., 18 cent.

MOREAU (Louis)

67 — *La Maison du garde.*

Gouache.

Haut., 12 cent.; larg , 15 cent.

MOREAU (Louis)

68 — *La Maisonnette, à l'entrée du bois.*

Gouache.

Haut., 12 cent.; larg., 15 cent.

MOUCHERON (Frédéric)

69 — *Vue d'un Parc.*

Dessin à la plume et lavis de bistre et d'encre de Chine.

Haut., 22 cent.; larg., 19 cent.

NATTIER (J.-M.)

70 — *Trois Portraits de jeunes Femmes.*

Vues de face — dans un même cadre en bois doré.
A la sanguine.

Haut., 9 cent.; larg., 9 cent.

NATOIRE (Charles)

71 — *Villa Pamphili, à Frascati.*

Au milieu, une cascade; à droite et à gauche, de nom-breux groupes de personnages.
Dessin à la plume et aquarelle.
Signé au bas, à gauche : C. Natoire, 1766.

Haut., 31 cent.; larg., 47 cent.

NATOIRE (Charles)

72 — *Étude d'Amour.*

Dessin aux deux crayons.
Cadre en bois sculpté.

Haut., 31 cent ; larg., 24 cent.

NICOLLE (J.)

73 — *Vue prise à Rome.*

Dessin à l'aquarelle.
Signé en bas à droite.
Cadre en bois sculpté.

Haut., 20 cent.; larg., 31 cent.

NILSON (Élie)

74 — *Pastorale.*

Au-dessous d'un cartouche ornementé portant pour de-
vise : les *Plaisirs aux jardins,* deux couples sont assis, entourés de tous les attributs du jardinage.
Dessin au lavis d'encre de Chine.
Cadre en bois sculpté.

Haut., 37 cent.; larg., 24 cent.

NILSON (J.-G.)

75 — *Cheminée ornementée.*

Un amour se réchauffe devant un grand feu allumé dans
une cheminée surmontée d'une glace avec ornements rocaille ;
autour de cette glace, des amours avec différents attributs.
Dessin plume et lavis d'encre de Chine.
Cadre en bois sculpté.

Haut., 23 cent.; larg., 16 cent.

NOEL (ALEXIS-NICOLAS)

76 — *Deux vues de pays pittoresques situés au bord de la mer.*

Ces deux dessins, exécutés à la gouache, font pendants.
Signés en bas, à gauche: Noël, 1781.

Haut., 26 cent.; larg., 34 cent.

NORBLIN (JEAN-PIERRE)

77 — *Assemblée dans un parc.*

Dessin à la plume et lavis.
Signé à droite: Norblin, 1804.
Cadre en bois sculpté.

Haut., 32 cent.; larg., 45 cent.

NORBLIN

78 — *Vue de la rue Saint-Antoine.*

La rue est remplie d'un grand nombre de personnages de toutes les conditions. A gauche, l'église Saint-Paul.
Cadre en bois sculpté.

Haut., 20 cent.; larg., 32 cent.

NORBLIN

79 — *Vue d'une place publique*

Sur une place entourée de monuments, on remarque un
grand nombre de marchands et de promeneurs.
Dessin à la plume et au lavis.

Haut., 25 cent.; larg., 44 cent.

OZANNE

80 — *Combat naval.*

Dessin au lavis d'encre de Chine.
Signé en bas, à gauche.
Cadre en bois sculpté.

Haut., 27 cent.; larg., 42 cent.

PATEL (Pierre)

81 — *Paysage d'une vaste étendue.*

Très importante composition du maître, d'une grande
finesse.
Gouache.

Haut., 27 cent.; larg., 39 cent.

PICART (Bernard)

82 — *La Promenade.*

Dans un lieu public — rencontre de divers personnages.
Composition de douze figures.
Dessin au lavis d'encre de Chine.

Haut., 25 cent.; larg., 42 cent.

PILLEMENT (Jean)

83 — *Le Départ pour le marché.*

Des paysans, les uns montés sur des mulets, les autres
à pied, accompagnés de bœufs et de chèvres, se rendent au
marché.

Dessin au crayon noir.

On lit au bas, à gauche : Jean Pillement, an 4 de la République.

Haut., 21 cent.; larg., 31 cent.

PÉRIGNON (Nicolas)

84 — *Les Plaisirs de la campagne.*

Dans un site pittoresque, des dames se promènent. A
droite, quelques maisons et un château en ruines.

Gouache.

Haut., 25 cent.; larg., 36 cent.

PORTE (Henri-Horace-Roland de la)

85 — *Divers instruments de musique.*

Gouache.

Cadre en bois sculpté.

Haut., 24 cent.; larg., 17 cent.

QUEVERDO (Francois-Marie-Isidore)

86 — *La Terre.*

Un jeune homme, à genoux, aux pieds d'une jeune
femme assise dans un parc.
Sanguine et lavis
Signé et daté 1770.
Ce dessin a été gravé par Dambrun.
Cadre en bois sculpté.

Haut., 18 cent. ; larg., 13 cent.

REDINGER

87 — *Le Rendez-vous de chasse.*

Au milieu d'un bois, plusieurs piqueurs à cheval. A
droite, sur le premier plan, une meute.
Dessin à l'encre de Chine.

Haut., 28 cent.; larg., 22 cent.

ROBERT (Hubert)

88 — *Deux sites d'Italie, avec monuments et ruines, animés d'un grand nombre de personnages.*

Ces deux charmantes compositions, à l'aquarelle, font
pendants.
L'une est signée, en bas, à gauche : H. Robert, 1762.
Collections Mariette et Bérard.
Cadres en bois sculpté.

Haut., 30 cent.; larg., 39 cent.

ROBERT (Hubert)

89 — *Fontaine dans une campagne.*

Dans un site pittoresque et devant un cours d'eau s'élève une fontaine; à droite et à gauche, quelques personnages. Sur le socle de la fontaine on lit :

Dessiné par H. Robert, à Sainte-Pélagie, l'an deuxième de la République.

Dessin à la sanguine.

Haut., 28 cent.; larg., 36 cent.

ROBERT (Hubert)

90 — *Vue prise à Rome.*

Dessin à l'aquarelle.
A été gravé.

Haut., 16 cent.; larg., 23 cent.

ROWLANDSON

91 — *La Réprimande.*

Une femme debout, les poings sur la hanche, paraît adresser de vifs reproches à un jeune homme assis à droite.

A l'aquarelle.
Cadre en bois sculpté.

Haut., 13 cent.; larg., 20 cent.

ROWLANDSON

92 — *Trois Juges.*

Dessin à l'aquarelle.
Cadre en bois sculpté.

Haut., 22 cent.; larg., 28 cent.

SAINT-AUBIN (Augustin de)

93 — *La jeune Malade.*

Elle est assise dans son lit. Vue de trois quarts.
Dessin à la mine de plomb.
Signé et daté, à gauche, 1765.
Cadre en bois doré.

Haut, 20 cent.; larg., 14 cent

SAINT-AUBIN (Augustin de)

94 — *Portrait de Femme.*

Elle est vue de profil tenant un livre à la main.
Dessin à la pierre d'Italie.

Haut., 15 cent.; larg., 12 cent.

SAINT-AUBIN (Augustin de)

95 — *Portrait de jeune Femme.*

En buste, tournée à gauche.
Dessin à la mine de plomb, sur papier teinté.
Cadre en bois sculpté.

Haut., 14 cent.; larg., 11 cent.

3

SAINT-AUBIN (Augustin de)

96 — *Portrait d'une Femme âgée.*

En buste, profil à gauche.
Aux crayons de couleur.

Diamètre, 21 cent.

SAINT-AUBIN (Augustin de)

97 — *Portrait d'Homme.*

En buste. Vu de trois quarts.
Dessin à la mine de plomb.
Cadre en bois sculpté.

Haut., 14 cent.: larg., 9 cent.

SAINT-AUBIN (Augustin de)

98 — *Portrait d'Homme.*

En buste, tourné à droite.
Dessin à la mine de plomb.
Cadre en bois doré.

Haut., 11 cent.; larg., 7 cent.

SAINT-AUBIN (Augustin de)

99 — *J.-B. Rousseau.*

En buste. Profil à droite.
Dessiné et gravé par l'artiste, en 1802, pour les Œuvres
de J.-B. Rousseau. Didot, an 7.
Collection Renouard.
A la mine de plomb.

Haut., 14 cent.; larg., 10 cent.

SAINT-AUBIN (Augustin de)

100 — *Portrait de Molière.*

Dessiné en 1803, et gravé pour les Œuvres de Voltaire.
Edition Renouard, 1819.
A la mine de plomb.

Haut., 9 cent.; larg. 6 cent.

SAINT-AUBIN (Augustin de)

101 — *Portrait d'Alexis Piron.*

Dessiné par l'artiste, d'après le buste en marbre de
Caffiery, placé dans le foyer de la Comédie-Française.
A été gravé.
Collection Renouard.
A la mine de plomb.

Haut., 9 cent.; larg., 8 cent.

SAINT-AUBIN (Augustin de)

102 — *Bossuet.*

Dessiné et gravé par l'artiste, en 1803, pour illustrer les
Œuvres de Voltaire. Édition Renouard 1819.
Dessiné à la mine de plomb.

Haut., 14 cent.; larg.. 10 cent.

SAINT-AUBIN (Augustin de)

103 — *De Montalembert.*

En buste, vu de face. Ce portrait a été dessiné par l'artiste d'après le tableau de de Latour.
Dessin à la mine de plomb.

Haut., 12 cent.; larg., 10 cent.

SAINT-AUBIN (Augustin de)

104 — *Portrait de d'Alembert.*

Dessiné par le maître, d'après le buste de Houdon.
A été gravé.
Collection Renouard.

Haut., 13 cent.; larg., 10 cent.

SAINT-AUBIN (Augustin de)

105 — *Portrait d'Amelot.*

En buste, vu de trois quarts dirigé à gauche, dans son costume de magistrat.
Dessin à la mine de plomb.
Collection Renouard.

Haut., 20 cent.; larg., 14 cent.

SAINT-AUBIN (Augustin de)

106 — *Portrait de Caylus.*

En buste, profil à droite.
Dessin à la mine de plomb.
Collection Renouard.

Rond. Diam. 7 cent.

SAINT-AUBIN (Augustin de)

107 — *Lesage (René).*

En buste, vu de trois quarts, dirigé à gauche.
Collection Renouard.
Dessin à la mine de plomb.

Haut.. 9 cent.; larg., 6 cent.

SAINT-AUBIN (Augustin de)

108 — *Renouard, éditeur.*

Dessin à la mine de plomb.
A été gravé par le maître.
Collection Renouard.
Cadre noir, en bois sculpté.

Haut., 9 cent; larg., 7 cent.

SAINT-AUBIN (Augustin de)

109 — *Portrait de l'artiste, par lui-même.*

Dessin à la pierre d'Italie.
Collection Renouard.
Cadre en bois sculpté.

Haut., 15 cent.; larg., 11 cent.

SAINT-AUBIN (Augustin de)

110 — *Deux portraits du même magistrat.*

Dans un cadre en bois sculpté à double face.

Haut., 11 cent., larg., 8 cent.

SPAENDONCK (Gerard van)

**111 — *Fleurs dans un vase posé sur une balus-*
*trade.***

Gouache.
Cadre en bois sculpté.

Haut., 50 cent.; larg., 38 cent.

SWEBACH (dit Fontaine)

112 — *Récréation d'Hiver.*

On aperçoit, sur une vaste étendue de glace, des pati-
neurs et des traîneaux.
Dessin à la plume et lavis de bistre.

Haut., 32 cent.; larg., 41 cent.

TRINQUESSE

113 — *Jeune Femme assise sur une chaise.*

Dessin à la sanguine.

Haut., 31 cent.; larg., 22 cent.

VERNET (CARLE)

114 — *Costumes militaires.* — 1810.

Deux tambours, l'un vu de dos, l'autre de profil.
Dessin à l'aquarelle.
A été gravé par Debucourt.

Haut., 33 cent.; larg., 25 cent.

VINCENT (FRANÇOIS-ANDRÉ)

115 — *La Lecture.*

Jeune femme assise, lisant une lettre qu'elle tient de la main gauche.
Dessin aux deux crayons.

Haut., 30 cent.; larg., 23 cent.

WILLE (P.-A.)

116 — *La Demande en mariage.*

Un jeune officier tient une jeune fille par la main, et la demande en mariage à ses parents assis à gauche.
Dessin au lavis d'aquarelle.
Signé au bas, à droite : P. A. Ville filius, inv. et del. 1776.

Haut., 42 cent.; larg., 56 cent.

ÉCOLE FRANÇAISE (xviiie siècle)

117 — *Portrait de Femme.*

Vue de trois quarts, dirigée à droite. Elle place une rose
à son corsage.
Cadre en bois sculpté.
Pastel ovale.

Haut., 56 cent.; larg.. 47 cent.

ÉCOLE FRANÇAISE (xviiie siècle)

118 — *Le Présent de l'amour.*

Une jeune fille, assise sur son lit, dans un léger costume, reçoit un collier de perles des mains d'un amour. A
sa gauche, un second amour la menace d'une flèche.
Dessin de vignette, au lavis d'encre de Chine.

Haut., 14 cent.; larg., 9 cent.

ÉCOLE FRANÇAISE (xviiie siècle)

119 — *Portrait de jeune Femme.*

En buste, vue de face, la tête appuyée sur la main
gauche.
Cadre en bois sculpté.

Haut., 14 cent.; larg., 10 cent.

ÉCOLE FRANÇAISE (xviiie siècle)

120 — *Portrait d'une jeune Femme.*

En buste, vue de face.
Sanguine et pierre d'Italie.
Cadre en bois sculpté.

Haut., 12 cent.: larg., 9 cent.

ÉCOLE FRANÇAISE (xviiie siècle)

121 — *Tête de jeune Femme.*

Vue de face.
Dessin aux trois crayons.
Cadre en bois sculpté.

Haut., 10 cent.; larg., 8 cent.

ÉCOLE FRANÇAISE (xviiie siècle)

122 — *Buste de jeune Femme.*

Dessin à la sanguine.

Haut., 10 cent.; larg.. 8 cent.

ÉCOLE FRANÇAISE (xviiie siècle)

123 — *Portrait d'Enfant.*

En buste, vu de face.
Dessin aux trois crayons.
Cadre en bois sculpté.

Haut., 9 cent.; larg., 6 cent.

ÉCOLE FRANÇAISE (xviiie siècle)

124 — *Jeune Femme, en buste.*

Elle est vue de face. — Grande coiffure.
Dessin au crayon et à l'estompe.

Diamètre, 10 cent.

ÉCOLE FRANÇAISE (xviiie siècle)

125 — *Portrait d'Homme.*

Vu de trois quarts.
Dessin aux deux crayons.

Diam., 8 cent.

ÉCOLE FRANÇAISE

126 — *Tableau d'un ballet, époque Louis XIV.*

Riche composition animée d'un grand nombre de personnages.
Dessin à la gouache.

Haut., 40 cent.; larg., 36 cent.

ÉCOLE FRANÇAISE

127 — *Portrait d'une Femme âgée.*

Vue de trois quarts. — Coiffée d'un bonnet garni de
rubans.
Pastel.

Haut., 45 cent.; larg., 37 cent.

ÉCOLE FRANÇAISE

128 — *Portrait d'Homme âgé.*

Vu de trois quart, dirigé à gauche.
Pastel.

Haut., 44.; larg., 37 cent.

ÉCOLE FRANÇAISE

129 — *Portrait de Madame Forbin.*

Une jeune femme en costume élégant, une canne à la main et suivie de son chien, se dirige à droite.
Gouache.

Haut., 28 cent.: larg., 20 cent.

ÉCOLE FRANÇAISE

130 — *Portrait de jeune Femme.*

Dessin aux crayons de couleur.

Haut., 45 cent.; larg., 34 cent

ÉCOLE FRANÇAISE

131 — *Jeune Femme endormie.*

Dessin à la sanguine et pierre d'Italie.
Cadre en bois sculpté.

Haut., 15 cent.; larg., 12 cent.

ÉCOLE FRANÇAISE

132 — *Tête d'Enfant.*

Dessin aux trois crayons.
Cadre en bois sculpté.

Ovale. Haut., 9 cent.; larg. 8 cent.

ÉCOLE FRANÇAISE

133 — *Place de l'Hôtel-de-Ville.*

On lit au bas de cette gouache :
« Fête donnée par la Ville de Paris. Arrivée de la Reine
à l'Hôtel de Ville. »
Cadre en bois sculpté.

Haut., 8 cent.; larg., 10 cent

ÉCOLE FRANÇAISE

134 — *Vue de la Manufacture de porcelaines de
Sèvres.*

Dessin au lavis.
Cadre en bois doré.

Haut., 20 cent.; larg., 32 cent.

ANONYME

135 — *Vue des Tuileries et de la terrasse des Feuillants.*

Ce dessin, à l'aquarelle, animé d'un grand nombre de personnages, est de l'époque de 1830.

Haut.,   cent.: larg.,   cent.

ÉCOLE ANGLAISE (XVIIIe siècle)

136 — *Miss Fanny Ayton, actrice.*

Elle est assise, tournée à gauche, les deux mains sur ses genoux.

Charmant portrait à l'aquarelle.
Cadre en bois sculpté.

Haut., 18 cent.; larg., 15 cent.

TABLEAUX ANCIENS

BACHELIER

137 — *La Brioche fleurie.*

Dans un plat de Chine, une brioche surmontée d'un bouquet de roses.
Signé.

Toile. Haut., 48 cent.; larg., 32 cent.

BEAUBRUN (Charles) (1604-1692)

138 — *Portrait de la comtesse de Choiseul.*

De trois quarts, dirigée à droite; fleurs dans les cheveux et au corsage. De la main droite elle grave ses chiffres sur un arbre et de la main gauche elle tient une houlette. Elle porte, accroché à sa ceinture, un sac armorié avec des fleurs et cette inscription : « A Madame la comtesse de Choiseul, à Paris. »
Cadre en bois sculpté Louis XIV.
Ovale.

Toile. Haut., 1 m.; larg., 80 cent.

BILCOQ (MARIE)

139 — *La Surprise.*

Dans un intérieur élégant, une jeune femme, assise devant un guéridon, tient de la main droite une guitarre et fait de la main gauche un geste de surprise.

Bois. Haut., 23 cent.; larg., 17 cent.

BOILLY (LOUIS)

140 — *Intérieur d'une Cuisine.*

Sur des planches et tables, ustensiles de toute espéce.
Composition finement exécutée et très amusante par les détails.
Cadre en bois sculpté.

Toile. Haut., 43 cent.; larg., 20 cent.

CARESME (JACQUES-PHILIPPE)

141 — *Bacchanale.*

Nymphes et satyres dansant et mettant des guirlandes de fleurs autour d'un socle supportant un buste.
Cadre en bois sculpté.

Toile. Haut., 52 cent.; larg., 71 cent.

FRAGONARD (d'après)

142 — *La Fuite à dessein.*

Très jolie copie du temps du tableau du maître. Gravé.

Bois. Haut., 31 cent.; larg., 25 cent.

HUET (J.-B.)

143 — *Une Cour de ferme.*

Au milieu de la composition, un paysan fait boire ses chevaux. A sa droite, près d'un puits, deux jeunes filles et un petit garçon avec un chien. — Dans le fond, à gauche, on aperçoit un troupeau de moutons qui rentre à la ferme. Charmant tableau, d'un riche coloris.

Toile. Haut., 49 cent.; larg., 59 cent.

HUET J.-B.)

144 — *L'Étable.*

Dans une étable, une jeune fermière est occupée à traire une vache; à droite, une autre vache et deux poules.

Toile. Haut., 42 cent.; larg., 53 cent.

LALLEMAND (J.-B.)

145 — *Paysage.*

Sur le premier plan, une villageoise porte un enfant dans ses bras, un autre enfant est à sa droite; à sa gauche, un paysan se repose sur l'herbe. Ils sont entourés de différents animaux. A gauche, les ruines d'un palais, une statue sur un piédestal.

Cadre en bois sculpté.

> Toile. Haut., 57 cent.; larg., 70 cent.

LECLERC (J.-Sébastien)

146 — *Deux Nymphes assises auxquelles on apporte des fleurs.*

Deux compositions de trois personnages faisant pendants.

Cadres en bois sculpté.

> Haut., 15 cent.; larg., 19 cent.

LERICHE (François)

147 — *Fleurs dans un vase placé sur une table.*

Signé et daté 1805.

> Toile. Haut., 23 cent.; larg., 31 cent.

4

LERICHE (François)

148 — *Corbeilles de fleurs posées sur une balustrade.*

Deux tableaux faisant pendants.

Toiles. Haut., 45 cent.; larg.. 39 cent.

MONNOYER (J.-B.)

149 — *Bouquet de fleurs dans un vase posé sur un appui en pierre.*

Toile. Haut., 79 cent.; larg., 64 cent.

MONNOYER (J.-B.)

150 — *Vases renfermant des fleurs, posés sur une Table.*

Deux tableaux faisant pendants.

Haut., 44 cent.: larg., 33 cent.

NATOIRE (Charles)

151 — *Les Amours musiciens.*

Composition ovale de quatre figures.
Cadre en bois sculpté.

Haut.. 3o cent   larg.. 35 cent.

NATOIRE (Charles)

152 — *Les Amours dessinateurs*.

Dessus de porte, en grisaille.

Toile. Haut.. 36 cent.; larg., 78 cent.

RAOUX (Jean)

153 — *La petite Fille au Chardonneret*.

Une petite fille, vue jusqu'aux genoux, fait voler un chardonneret qu'elle a attaché par la patte.

A été gravé.

Cadre en bois sculpté.

Haut.,   cent.; larg.,   cent.

ROBERT (Hubert

154 — *Ruines d'un palais, à Rome*.

Signé en bas, à droite.

Bois. Haut., 26 cent.; larg., 21 cent.

ROSLIN (Chevalier de)

155 — *Portrait de Femme*.

Vue de trois quarts, dirigée à gauche. Costume rose garni de fourrure.

Toile. Haut., 65 cent.; larg., 53 cent.

SCHALL

156 — *L'Attente.*

Une jeune femme, dans un costume élégant, est assise sur un banc, dans un parc. Le bras gauche appuyé sur le piédestal d'une statue.

Cadre en bois sculpté.

Toile. Haut., 31 cent.; larg., 23 cent.

TAUNAY (d'après NICOLAS-ANTOINE)

157 — *Fête de village.*

Dans une riante campagne, des villageois se livrent à la danse et à différents jeux.

Cette composition a été gravée à l'eau-forte.

Bois. Haut., 28 cent.; larg., 37 cent.

VERNET (JOSEPH)

158 — *La Tempête.*

On aperçoit à droite, sur une mer déchaînée, un navire à moitié englouti dans les flots. Au premier plan, sur des rochers, des marins prodiguant des secours aux victimes de ce désastre. A gauche, un château fort.

5

VERNET (Joseph)

159 — *Le Calme.*

Le soleil, qui se lève derrière des rochers placés à droite, éclaire une mer paisible et couverte de barques de pêcheurs. A gauche et à droite, de nombreux personnages sur les rochers placés au premier plan.

Signé à gauche, sur un rocher : J. Vernet. Ces deux tableaux, faisant pendants, ont été gravés.

Bois. Haut., 44 cent.; larg., 60 cent.

MONOGRAMME : D. B.

160 — *Vue prise dans un parc.*

Plusieurs personnages en costume de l'Empire se promènent dans une allée au fond de laquelle on aperçoit un jet d'eau. Sur le socle supportant la statue de la Vénus Callypige, on lit : D. B, 1795.

Bois. Haut., 29 cent.; larg., 21 cent.

ÉCOLE FRANÇAISE

161 — *Triomphe d'un empereur romain.*

Debout dans son char traîné par quatre chevaux blancs qui se dirigent à gauche à travers la foule.

Toile. Haut., 31 cent.; larg., 40 cent.

ÉCOLE FRANÇAISE

162 — *L'Heure du rendez-vous.*

Une jeune femme, à genoux sur un tertre, exprime sa joie à la vue d'une lettre et d'un bouquet déposés sur le gazon.

Cadre en bois sculpté.

Toile. Haut., 61 cent.; larg., 51 cent.

ÉCOLE FRANÇAISE

163 — *Portrait de jeune Femme.*

En buste, dirigée à droite, vue de trois quarts.
Ovale.

Toile. Haut., 60 cent. larg.. 50 cent.

ÉCOLE FRANÇAISE

164 — *Portrait de jeune Femme.*

En buste, vue de trois quarts, avec perles dans les cheveux.
Ovale.

Toile. Haut., 44 cent. ; larg., 37 cent.

ÉCOLE FRANÇAISE

165 — *Portrait de jeune Femme.*

En buste, vue de trois quarts, dirigée à droite.
Ovale.

Toile. Haut., 51 cent.; larg., 44 cent.

ÉCOLE FRANÇAISE

166 — *Portrait d'un petit garçon.*

En buste, de trois quarts, tourné à gauche, les bras appuyés sur une balustrade.

Cadre en bois sculpté.

Bois. Haut., 18 cent.; larg., 14 cent.

ÉCOLE FRANÇAISE

167 — *La Camargo.*

Bois. Haut., 26 cent.; larg.. 19 cent.

168 — *Natures mortes :*

Un lapin accroché par la patte près d'une bouteille et d'une corbeille. A gauche, un fusil.

Une pie et un geai morts, sur une table, près d'une corbeille de fruits.

Deux tableaux, faisant pendants.

Toiles. Haut., 44 cent.; larg.. 54 cent.

9 782329 524931